驚くほど頭が良くなる

「瞬間記憶」練習帳

「アクティブ・ブレイン式」記憶法

田辺由香里 記憶マイスター
Tanabe Yukari

Mnemonics

ぱる出版

 はじめに

　『瞬間記憶術〜たった3日で驚くほど頭が良くなる本〜』を上梓してちょうど1年が経ち、この度、より具体的なトレーニングのヒントをお伝えできる機会に恵まれました。まずもって、この本を手にしてくださった皆様と前作でもお世話になりましたぱる出版の瀧口さんに感謝申し上げます。

　記憶力を上げたい、頭が良くなりたいというのは万人の願いであると思いますが、その直後に「無理・できない」という感情がセットで浮かんできたりしませんか？　私自身も「もう歳だし」「苦手」「めんどくさい」などのワードがこれでもかと浮かんでくるのを感じては、脳って本当にやっかいでおサボりさんだなあと感じることしばしばです。本当は誰でもやればできること。できないのではなくやらないだけ。記憶の訓練をしているとそのことが如実にわかるようになります。

　成果はやり方×量×熱意で変わってきます。この３つが揃ったときの驚くべきパフォーマンスは皆様にも周知の事実でありましょう。

　前作では熱意とやり方についてお伝えしました。

　記憶上手になるためには仕込みが重要です。手品に種があるように、記憶にも種のようなものがあり、種を仕込んでおくことで瞬間記憶が容易くできるようになります。

　この本は、具体的な練習問題を添えて、初心者の方にも無理なく記憶力を上げていただけるための仕込みを完成させられるように作りました。

　第１章から第３章までは記憶の極意である「イメージ化」の練習ができるようになっています。簡単なものから難しいものへと小さなステップを積み重ねていきますので、「イメージ化」というのがどういうことなのかを掴んでいただけると思います。

　すでにイメージ化する力はばっちり！　という方は第４章からスタートしていただいてもかまいません。

　最終的に「自分の覚えたいものを覚えられればよい」という方は第6章の作業をしていただけば、日常生活のちょっとした時間短縮につながると思います。

　この本の中には随所に「記憶するときのヒント」をちりばめました。

　どんなものでも見た瞬間に即座に記憶する力をつけたい方、記憶の訓練を通して一生いきいきと脳を元気に保ちたい方は第1章から順番にトレーニングしながら読み進めてください。

　それでは、皆様の新たな可能性の扉を開いて参りましょう！レッツスタート！

Contents

「瞬間記憶」の手順

《1》
覚える! と決意する(脳のスイッチオン)
▼

《2》
「言葉」と「実体」を一致させる
▼

《3》
「実体」をイメージ化する
▼

《4》
「脳の引き出し」を作る
▼

《5》
「脳の引き出し」に番号をつける
▼

《6》
イメージ化した「実体」を順番通りに
「脳の引き出し」に入れる
▼

《7》
「脳の引き出し」の場所を思い出し、
そこにあるイメージを取り出す
▼

《8》
イメージを見ながら「言葉」をアウトプットする

第 **1** 章

見えるものを
イメージ化する練習

Mnemonics

言葉と実体を頭の中で結ぶ練習

　言葉にはその言葉を表す「実体」があります。「実体」とは広辞苑によると、（その名称や外形に対する）正体。本体。実質。内容。と記されています。

　つまり、言葉の本体です。言葉だけで捉えていると、もやもやとした認識ですが、その本体は何かということを見つけ出すことができると、脳はその言葉をはっきりと認識できるというわけです。

　具体的にどういうことかというと、頭の中でその言葉が映像として見える状態にします。

　言葉を文字情報だけではなく、本体はこれ！と紐付ける練習をしてみましょう。

　１つずつの言葉がクリアになっていくのが感じられるでしょうか？

　まずは簡単なウォーミングアップです。

　次の言葉と実体のイメージを線でつないでください。

（例）

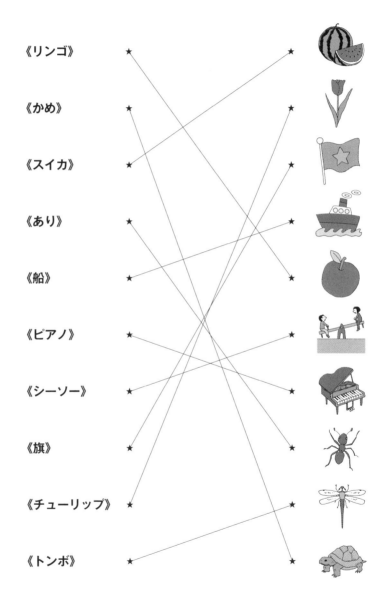

《リンゴ》

《かめ》

《スイカ》

《あり》

《船》

《ピアノ》

《シーソー》

《旗》

《チューリップ》

《トンボ》

例にならって、言葉とイメージを線でつないでください。

①

《時計》　　　★　　　　　　　　★　

《本》　　　★　　　　　　　★　

《カーテン》　　　★　　　　　　★　

《ストーブ》　　　★　　　　　　★　

《蛇口》　　　★　　　　　　★　

《ボール》　　　★　　　　　　★　

《椅子》　　　★　　　　　　★　

《みかん》　　　★　　　　　　★　

《薔薇》　　　★　　　　　　★　

《どんぐり》　　　★　　　　　　★　

（答えは 26 ページ）

②

《はさみ》　　★　　　　　　　★

《クッション》　★　　　　　　★

《木》　　　★　　　　　　　　★

《写真》　　★　　　　　　　　★

《帽子》　　★　　　　　　　　★

《イチゴ》　★　　　　　　　　★

《皿》　　　★　　　　　　　　★

《箸》　　　★　　　　　　　　★

《カバン》　★　　　　　　　　★

《手袋》　　★　　　　　　　　★

（答えは 26 ページ）

③

《ヨーヨー》 ★　　　　　★

《魚》 ★　　　　　★

《わに》 ★　　　　　★

《靴》 ★　　　　　★

《スプレー》 ★　　　　　★

《箱》 ★　　　　　★

《絵》 ★　　　　　★

《リモコン》 ★　　　　　★

《自転車》 ★　　　　　★

《消化器》 ★　　　　　★

（答えは 26 ページ）

④

《パソコン》　　　★　　　　　　　★　

《剣玉》　　　　　★　　　　　　　★　

《ろうそく》　　　★　　　　　　　★　

《指輪》　　　　　★　　　　　　　★　

《めがね》　　　　★　　　　　　　★　

《こうもり》　　　★　　　　　　　★　

《バット》　　　　★　　　　　　　★　

《靴べら》　　　　★　　　　　　　★　

《車》　　　　　　★　　　　　　　★　

《針》　　　　　　★　　　　　　　★　

(答えは 26 ページ)

いかがですか？　ここまでは簡単ですね。

では少しレベルアップです。知らない言葉はありますか？

線でつないでみましょう。

例）**レベルアップ問題**

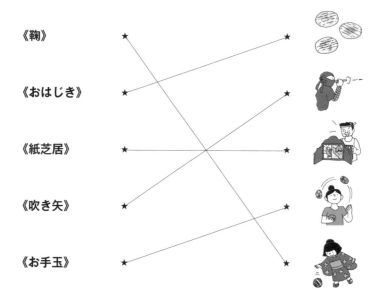

①

《カタバミ》　★

《唐門》　★

《ランタン》　★

《雲形定規》　★

《風呂敷》　★

★

★

★

★

★

②

《計器》　★

《床の間》　★

《獅子舞》　★

《髷》　★
（まげ）

《帯留め》　★

★

★

★

★

★

（答えは 72 ページ）

③

《田楽》 _{でんがく} ★ ★

《ドラ》 ★ ★

《頭巾》 ★ ★

《花笠》 ★ ★

《欄間》 ★ ★

④

《稲妻》 ★ ★

《衣かつぎ》 ★ ★

《瓦》 _{かわら} ★ ★

《屏風》 _{びょうぶ} ★ ★

《三方》 ★ ★

（答えは 72 ページ）

⑤

《長柄銚子》　★　　　　　★

《加銚子》　★　　　　　★

《盃》　★　　　　　★

《立傘》　★　　　　　★

《台笠》
（だいがさ）　★　　　　　★

⑥

《火焔太鼓》
（かえんだいこ）　★　　　　　★

《鞨鼓》
（かっこ）　★　　　　　★

《笙》
（しょう）　★　　　　　★

《篳篥》
（ひちりき）　★　　　　　★

《琵琶》　★　　　　　★

（答えは 72 ページ）

言葉とイメージをつなげる

　いかがでしょうか？　後半の言葉のほうが「難しい」と感じませんでしたか？

　脳はイメージできないものは記憶しにくいのです。

　言葉とイメージが脳の中でつながりさえすれば、一見難しそうに見える言葉も簡単に見えてきます。

　たくさんの言葉を脳内でイメージ化できている人は記憶力が良いです。覚えようとしなくても言葉を聞いたら、脳内にイメージが残り、覚えているというより、頭の中のイメージを見ているだけなのです。

　イメージが自然に浮かんでこない場合もあるでしょう。

　それはまだその言葉が実体として捉えられていないからにすぎません。

　記憶の素材を増やすチャンスと位置づけ、意識してその言葉の実体を捉える練習をしましょう。

　この地味な作業により、記憶力もどんどん向上していきます。

　ポイントは、ただ見ているだけでなく、自分の脳に「この言葉の実体はこれですよ」と言って聞かせて、納得させるのがコツで

す。

　そのときに「へ〜！　そうだったんだ！　なるほどね〜！」と感情が動くと、さらによしです。感情と共に脳に刻んだ記憶は長期記憶として残りやすいです。

　感受性豊かに生きることは、記憶力向上に役立ちます。

　今は昔と違って、インターネットで検索すれば簡単にその実体イメージを見ることができます。何かわからない言葉に出会うたびにその言葉を検索し、イメージとつないで、ストックを増やしてください。

　１つやれば１つ分、あなたの頭は良くなっていきます。

　学び続けようとする脳はいつまでも成長し続けます。

　今日も１つ賢くなった！　と喜びを感じながら次のページを埋めていってください。

　イメージの欄は絵を描いても、画像を貼り付けても OK です！

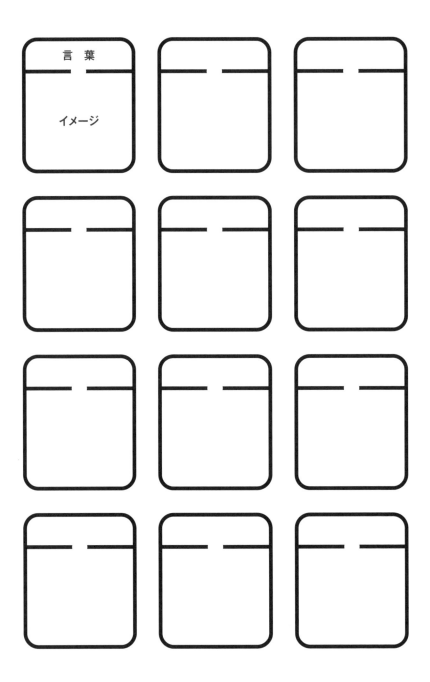

言　葉

イメージ

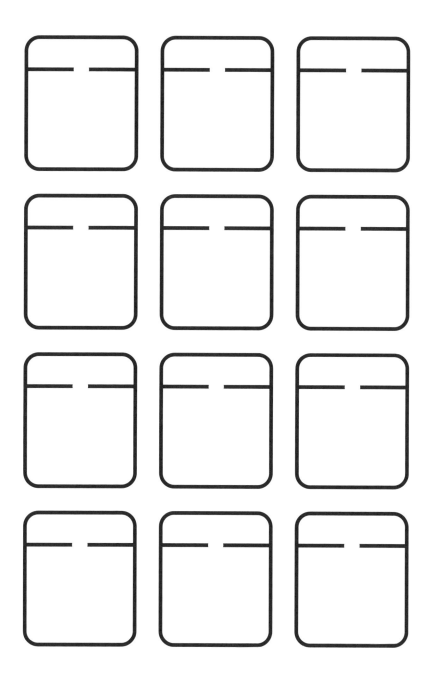

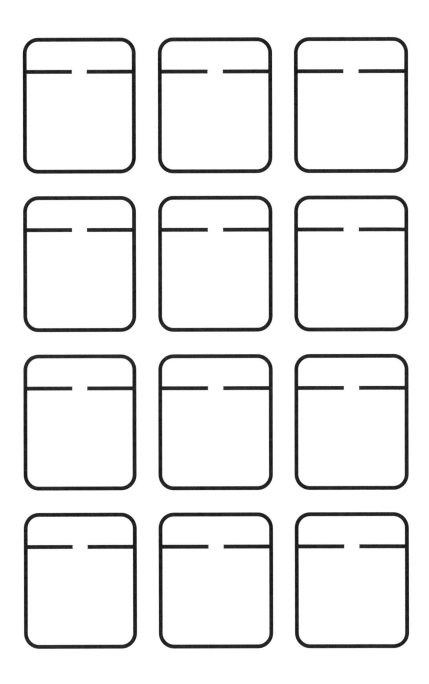

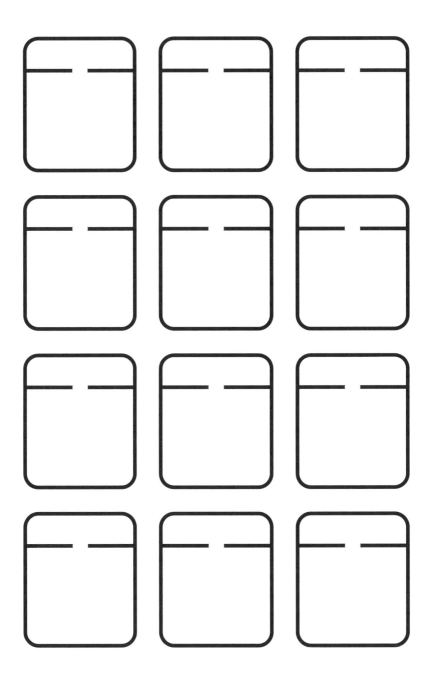

▶答え

① （12 ページ）　　　　　　② （13 ページ）

③ （14 ページ）　　　　　　④ （15 ページ）

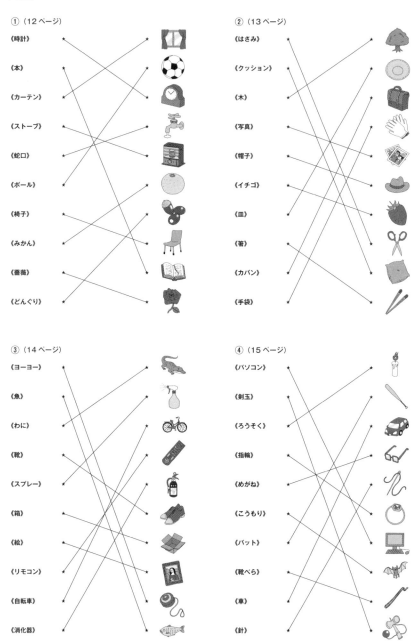

第 **2** 章

見えるけれど、似たようなものを区別してイメージする練習

Mnemonics

同じように見えるものを区別する練習

　記憶のトレーニングをしていると、速い遅いというスピードの差が出てくることがあります。

　スピードの遅い人やすぐ忘れてしまう人の特長として、イメージをするときに、脳の中でイメージ同士が混乱していることが多いようです。

　例えば、さつまいもとジャガイモが同じように見える。マンションと病院が同じに見える。エッフェル塔、東京タワー、スカイツリーが全てとんがった高いタワーに見えてしまうなどの現象です。

　言葉をイメージして、頭の中に浮かぶイメージを意識的に見ようとすると、脳が動き、エネルギーを消費します。

　脳はそれでなくても、とてもたくさんのエネルギーを消費する器官です。

　体全体で使うエネルギーの20％をペットボトル２個分くらいの大きさの脳が消費すると言われています。

　そのため、手を抜けるところは上手に手を抜いてしまうのが脳

のクセです。

　細かなイメージをせずに自分の脳内のいわば、「食べ物フォルダ」、「建物フォルダ」、「塔フォルダ」に雑にまとめて放り込んでおくのです。

　そうすると、脳は必要以上に動かなくてすみます。

　それぞれのフォルダ内は、さらに細かい分類をすることもできるはずですが、それも意識的にしておかないと、脳の自動振り分けシステムに任せるとそこまで明確に区別していないことがほとんどでしょう。

　そこで、普段は意識していない、脳内フォルダを開いて意識的に整理整頓し、仕分けをしてみましょう。

　フォルダを開けてみようと思っても、フォルダの中身が空っぽということもあるかもしれません。その場合は細かな区別をつけようもありません。まずは素材をストックするところからスタートです。

　身の回りにあるもので練習してみましょう。

花の名前を記憶する

　例えば、花屋さんで売られている花。全部「花」とひとくくりにしていませんか？

　１つずつの花には名前があります。

　花の名前とイメージをつなげてみましょう。

　花屋さんに行く楽しみも増えるかも？

①

《カーネーション》　★ 　　　　　★

《薔薇》　★ 　　　　　★

《チューリップ》　★ 　　　　　★

《ひまわり》　★ 　　　　　★

《トルコキキョウ》　★ 　　　　　★

《かすみ草》　★ 　　　　　★

《菊》　★ 　　　　　★

《スイートピー》　★ 　　　　　★

《アルストロメリア》　★ 　　　　　★

《ゆり》　★ 　　　　　★

（答えは116ページ）

②

《フリージア》　　★　　　　　★

《マーガレット》　★　　　　　★

《ラナンキュラス》★　　　　　★

《アネモネ》　　　★　　　　　★

《ストック》　　　★　　　　　★

《パンジー》　　　★　　　　　★

《ポピー》　　　　★　　　　　★

《すみれ》　　　　★　　　　　★

《ダリア》　　　　★　　　　　★

《つばき》　　　　★　　　　　★

（答えは 116 ページ）

③

《時計草》　　　★　　　　　　　★

《シャクヤク》　★　　　　　　　★

《カラー》　　　★　　　　　　　★

《ポインセチア》★　　　　　　　★

《カンパニュラ》★　　　　　　　★

《けいとう》　　★　　　　　　　★

《ランタナ》　　★　　　　　　　★

《紫陽花》　　　★　　　　　　　★

《キンモクセイ》★　　　　　　　★

《ハイビスカス》★　　　　　　　★

(答えは 116 ページ)

④

《ブーゲンビリア》　★　　　　★

《ノースポール》　★　　　　★

《オオデマリ》　★　　　　★

《クチナシ》　★　　　　★

《ルリマツリ》　★　　　　★

《ホタルブクロ》　★　　　　★

《ラベンダー》　★　　　　★

《クレマチス》　★　　　　★

《ムスカリ》　★　　　　★

《ストック》　★　　　　★

（答えは 116 ページ）

　どれくらい花の名前を知っていましたか？　花好きな方には簡単すぎるかもしれませんね。反対に花を意識して見ていなかった方にとっては、呪文のようなカタカナ文字の羅列に見えたのではないでしょうか？

　花の名前とイメージがつながると、脳内にそれだけたくさんの素材のストックができます。

　何でもないようなこの作業を積み重ねていくことで相乗効果が生まれ、やがて大きな力を発揮します。

　記憶力ももちろん向上しますが、それ以外にも、名前を知ることで初めてその存在を認識し、目に映る世界が鮮明に鮮やかになるという効果も期待できます。

ステップアップ問題にチャレンジ！

 桜・梅・桃、見分けがつきますか？

　似たもの同士は並べて比べて、違いを見つけるのがポイントです。

　１. 桜、梅、桃の見分けはつきますか？

《ステップ１》理解する

　まずは並べてみます。

桜	梅	桃

　どれもよく似ていますが、よく見ると花びらの形が違うということがわかります。サクラは花びらの先が割れている、梅はまるい、桃はとがっています。

　なるほどね！　と理解できたら次に進みます。

《ステップ２》何らかの関連づけをする

サクラは花びらの先が割れている、梅はまるい、桃はとがっている。

これを間違いなく覚えるためには何らかの関連づけをします。

サクラ＝先が割れている

梅＝丸い

桃＝とがっている

違いが見つかったら、言葉とイメージの関連づけをします。

例えば・・・サクラ（裂くら）だから先が裂けている．梅干しは丸い。２つが関連づけできたら、残りの１つは桃とわかりますね。例えば３つを見分ける問題であれば、全部にイメージ付けをする必要はなく、覚えないものはどれにするかという仕分けも時短のコツです。

この場合、問われる問題が桜と梅と桃の見分けだと仮定したら、桃は残りの１つということで終了ですが、桃にもイメージをつけたい方は何か関連づけを作ってみましょう。

例えば桃の形から、漢字からの連想など。桃のイラストは先がとんがっていて、花びらのとんがりと似ているな〜などと印象づ

けるのも OK です。要するに何かしらの意味づけを作ることがで
きれば記憶に残ります。

	桜	梅	桃
実体	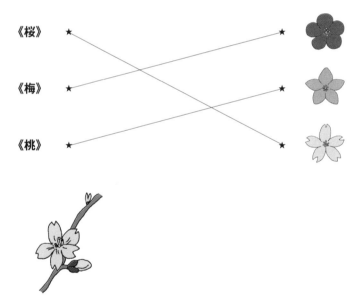		
花びらの違い	先が割れている	丸い	とがっている
関連づけ	サクラは裂けている	梅干しは丸い	

繋げてみましょう。

《桜》 ★ —————————— ★
《梅》 ★ —————————— ★
《桃》 ★ —————————— ★

さてこれは何でしょう?

　梅、桃、桜の葉っぱの特長から考えると、桜!と答えてしまい
そうですね。

桜によく似ていますが、答えはアーモンドです。

桜にはサクランボのような花柄^{かへい}がついていますが、アーモンドは花柄^{かへい}がないか、あったとしてもとても短いのが特長です。

つまり、樹から直接花が咲いているように見えたらアーモンドです。

似たもの同士を見分けるときは、並べて、見比べて、違いを見つけるのがコツです。紛らわしいものがたくさんあったときは、まずは代表的なものを頭に入れた上で、さらに新情報をくっつけていくと、頭の中できれいに整理されます。

	桜	梅	桃	アーモンド
実体				
花びらの違い	先が割れている	丸い	とがっている	桜と似ている
関連づけ	サクラは裂けている	梅干しは丸い		サクランボのような花柄がない方がアーモンド

同様に見分ける訓練をしてみましょう。

次の花はどのように見分けますか？

1. アヤメ、花菖蒲、燕子花
（しょうぶ）（かきつばた）

以下の表に違いを書き込んで関連づけを作ってみましょう。

	アヤメ	花菖蒲	燕子花
実体			
違い			
関連づけ			

関連づけは自分で作ったほうが記憶には残りやすいです。どうしようかなと考えることが感情を刺激します。

すでに頭の中にあるイメージは人それぞれ違うので、自分なりの関連づけをしながら練習帳を作っていきましょう。

ちなみに、私は「**アヤメ**は**あや**とりみたいな網の目がある。菖

蒲は**勝負**の黄色。か**きつ**ばたは**キツ**イシャープな白の線が入っている」という要領で覚えるかもしれません。

　代表的な３つを頭に入れたら、似たものにチャレンジです。

　花菖蒲と菖蒲を見てみましょう。

　菖蒲は端午の節句の頃、厄除けとして軒先に飾り、薬草として利用されてきました。お風呂に入れて菖蒲湯、お酒に漬けて菖蒲酒にします。菖蒲は「勝負」や「尚武」に通じ、強くたくましく成長してほしいという願いがあったようです。

　菖蒲湯の菖蒲と花菖蒲は言葉だけ見ると似ていますが、実体をよく見てみると全くの別物だということがわかります。

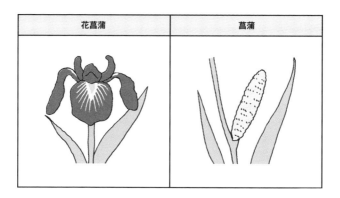

花菖蒲	菖蒲

つなげてみましょう。

《あやめ》 ★ 　　　　　 ★

《花菖蒲》 ★ 　　　　　 ★

《かきつばた》 ★ 　　　　 ★

《菖蒲》 ★ 　　　　　 ★

（答えは 152 ページ）

鳥の名前を記憶する

身の回りで見かける鳥。見分けられますか？
特長を見つけてつないでみましょう。

《ウグイス》　★　　　　　★

《キジバト》　★　　　　　★

《シジュウカラ》　★　　　★

《スズメ》　★　　　　　★

《ツグミ》　★　　　　　★

《ツバメ》　★　　　　　★

《ヒバリ》　★　　　　　★

《ヒヨドリ》　★　　　　★

《ムクドリ》　★　　　　★

《メジロ》　★　　　　　★

（答えは 152 ページ）

名前	イメージ	特長	関連づけ
ウグイス		体はオリーブ褐色 灰白色の眉斑	
キジバト		翼にうろこ模様	
シジュウカラ		頭は黒く、 胸にネクタイのような 黒い帯がある。 翼は青灰色	
スズメ		頭は茶色。頬に黒斑。 翼は茶色と黒のまだら	
ツグミ		黄白色の眉斑 胸に鱗状の模様	

名前	イメージ	特長	関連づけ
ツバメ		額と喉が赤褐色。尾は長くふたつに分かれている	
ヒバリ		冠のような短い冠羽がある	
ヒヨドリ		全体的に灰色。頬が茶褐色頭がぼさぼさ	
ムクドリ		くちばしと足がオレンジ色。顔に不規則な形の白斑	
メジロ		ウグイス色の背。目の周りが白い	

関連づけの例

シジュウカラ・・・シジュウカラ（４０から）はネクタイ締める。

つないでみましょう。

《ウグイス》 ★   ★

《キジバト》 ★   ★

《シジュウカラ》 ★   ★

《スズメ》 ★   ★

《ツグミ》 ★   ★

《ツバメ》 ★   ★

《ヒバリ》 ★   ★

《ヒヨドリ》 ★   ★

《ムクドリ》 ★   ★

《メジロ》 ★   ★

（答えは 152 ページ）

果物の名前を記憶する

何種類くらいイメージできますか？

　記憶力は勉強だけでなく、私たちの人生を豊かにするために大切な役割を果たしています。過去の出来事を懐かしく思い出せるのも記憶があるからです。
　歳を重ねていった先に、昔の楽しい記憶が鮮明に残っていると、脳内の記憶を辿るだけでも楽しい時間旅行ができそうです。

　「思い出」という記憶の情報が脳内にあるとします。脳内の記憶を、果物をフックにして思い出してみましょう。
　思い出すという作業をすることで記憶はより鮮明に脳に刻み込まれます。
　想記するフックがたくさんあるほど、鮮明に思い出すことができきます。

　果物という素材を使って、脳内のフックを意識的に増やす練習です。

　次ページからのフルーツの名前を見て、知っているものに［○］
をつけてください。

　知っているということにもレベルがあります。

　名前を聞いたことがあるなら名前に［✔］。

　見たことがあるなら視覚に［✔］。

　その果物の音が感じられるなら聴覚に［✔］。

　触った感じがわかるなら皮膚感覚に［✔］。

　香りがわかるものには臭覚に［✔］。

　味がわかるものは味覚に［✔］を入れましょう。

　そして、そのフルーツの思い出が蘇るものには思い出欄にエピ
ソードを書き込んでください。

　チェックが入らない、あるいはチェックが少ない果物は、イメー
ジしにくいのではないでしょうか？　多くの体験は記憶の素材を
増やすという意味で、とても役に立ちます。

　百聞は一見に如かずといいます。街中で果物を見つけたら五感
を使って全身で味わってみてくださいね。

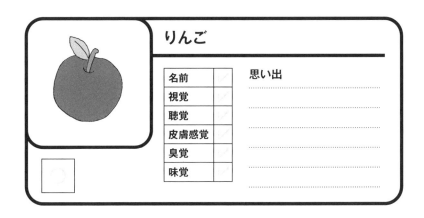

りんご

名前	
視覚	
聴覚	
皮膚感覚	
臭覚	
味覚	

思い出

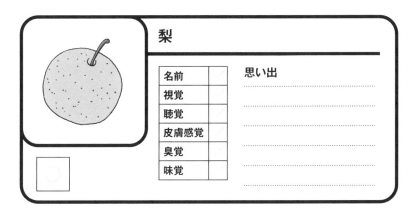

梨

名前	
視覚	
聴覚	
皮膚感覚	
臭覚	
味覚	

思い出

イチゴ

名前	
視覚	
聴覚	
皮膚感覚	
臭覚	
味覚	

思い出

ざくろ

		思い出
名前		....
視覚		....
聴覚		....
皮膚感覚		....
臭覚		....
味覚		....

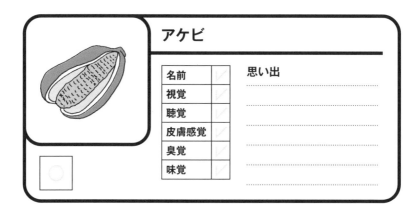

アケビ

		思い出
名前		....
視覚		....
聴覚		....
皮膚感覚		....
臭覚		....
味覚		....

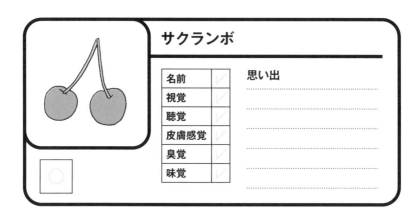

サクランボ

		思い出
名前		....
視覚		....
聴覚		....
皮膚感覚		....
臭覚		....
味覚		....

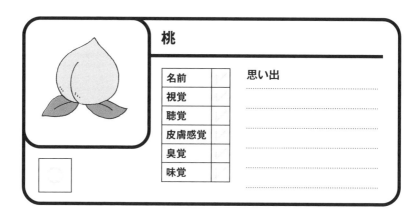

桃

名前	
視覚	
聴覚	
皮膚感覚	
臭覚	
味覚	

思い出

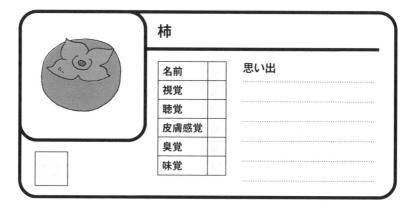

柿

名前	
視覚	
聴覚	
皮膚感覚	
臭覚	
味覚	

思い出

みかん

名前	
視覚	
聴覚	
皮膚感覚	
臭覚	
味覚	

思い出

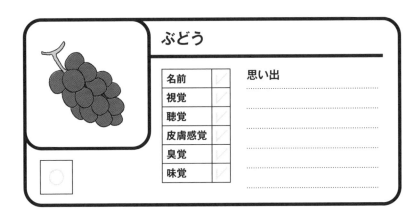

ぶどう

		思い出
名前	✓	....
視覚	✓	....
聴覚	✓	....
皮膚感覚	✓	....
臭覚	✓	....
味覚	✓	....

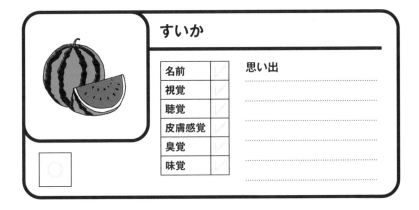

すいか

		思い出
名前	✓	....
視覚	✓	....
聴覚	✓	....
皮膚感覚	✓	....
臭覚	✓	....
味覚	✓	....

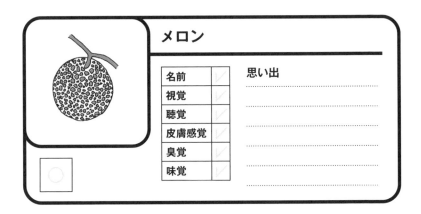

メロン

		思い出
名前	✓	....
視覚	✓	....
聴覚	✓	....
皮膚感覚	✓	....
臭覚	✓	....
味覚	✓	....

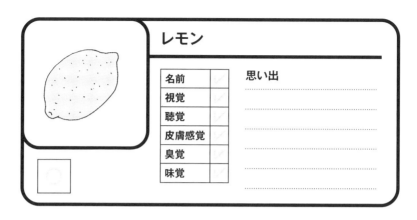

レモン

名前	
視覚	
聴覚	
皮膚感覚	
臭覚	
味覚	

思い出

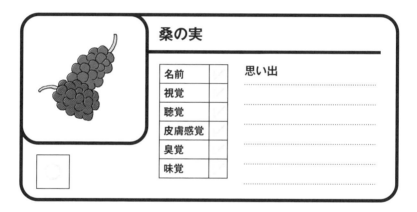

桑の実

名前	
視覚	
聴覚	
皮膚感覚	
臭覚	
味覚	

思い出

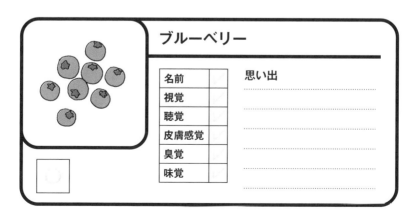

ブルーベリー

名前	
視覚	
聴覚	
皮膚感覚	
臭覚	
味覚	

思い出

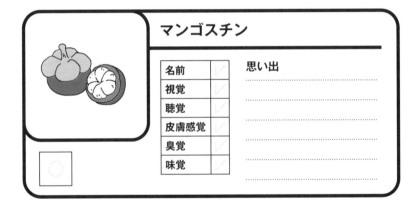

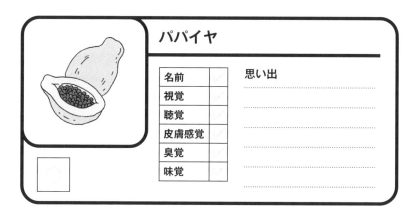

パパイヤ

名前	
視覚	
聴覚	
皮膚感覚	
臭覚	
味覚	

思い出
....
....
....
....
....

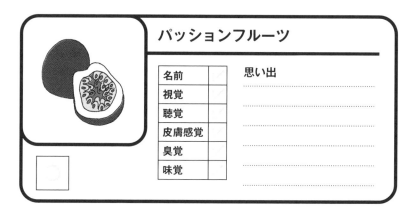

パッションフルーツ

名前	
視覚	
聴覚	
皮膚感覚	
臭覚	
味覚	

思い出
....
....
....
....
....

ライチ

名前	
視覚	
聴覚	
皮膚感覚	
臭覚	
味覚	

思い出
....
....
....
....
....

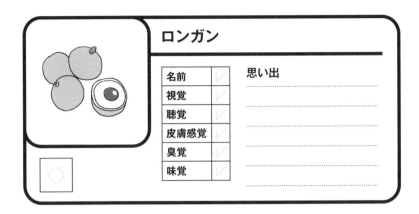

ロンガン

名前	✓
視覚	✓
聴覚	✓
皮膚感覚	✓
臭覚	✓
味覚	✓

思い出
....
....
....
....
....
....

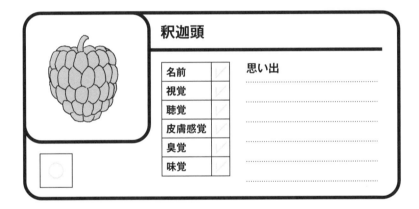

釈迦頭

名前	✓
視覚	✓
聴覚	✓
皮膚感覚	✓
臭覚	✓
味覚	✓

思い出
....
....
....
....
....
....

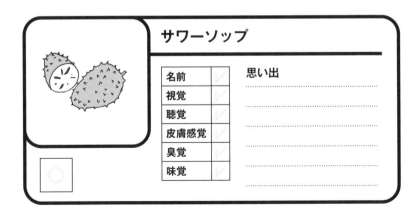

サワーソップ

名前	✓
視覚	✓
聴覚	✓
皮膚感覚	✓
臭覚	✓
味覚	✓

思い出
....
....
....
....
....
....

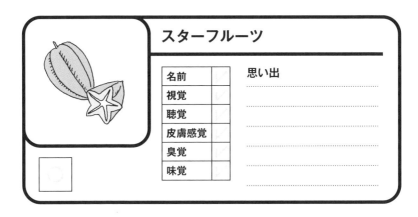

スターフルーツ

名前	
視覚	
聴覚	
皮膚感覚	
臭覚	
味覚	

思い出

....
....
....
....
....

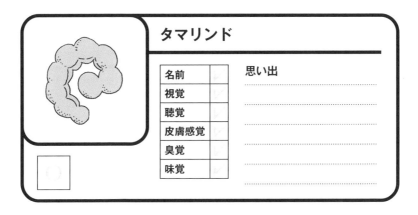

タマリンド

名前	
視覚	
聴覚	
皮膚感覚	
臭覚	
味覚	

思い出

....
....
....
....
....

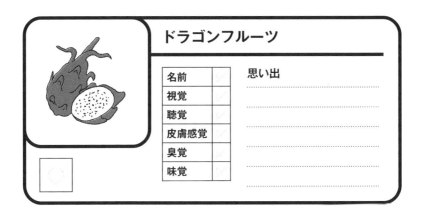

ドラゴンフルーツ

名前	
視覚	
聴覚	
皮膚感覚	
臭覚	
味覚	

思い出

....
....
....
....
....

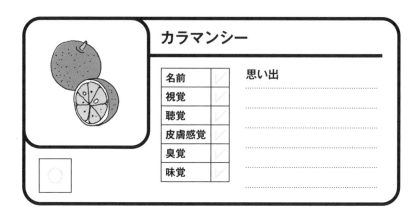

カラマンシー

名前	✓	思い出
視覚	✓	
聴覚	✓	
皮膚感覚		
臭覚	✓	
味覚	✓	

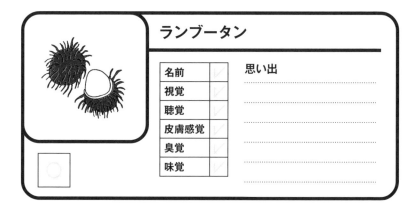

ランブータン

名前	✓	思い出
視覚	✓	
聴覚	✓	
皮膚感覚		
臭覚		
味覚	✓	

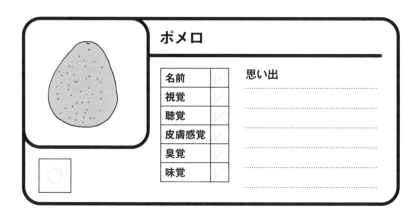

ポメロ

名前	✓	思い出
視覚	✓	
聴覚		
皮膚感覚	✓	
臭覚		
味覚	✓	

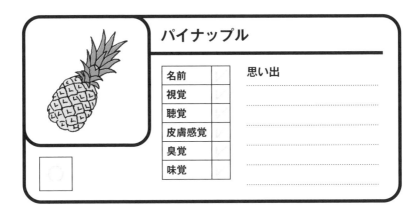

パイナップル

名前	
視覚	
聴覚	
皮膚感覚	
臭覚	
味覚	

思い出
....
....
....
....
....
....

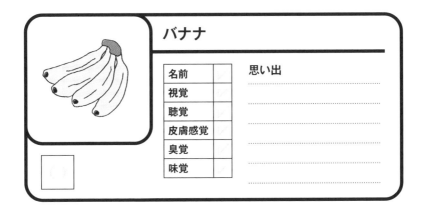

バナナ

名前	
視覚	
聴覚	
皮膚感覚	
臭覚	
味覚	

思い出
....
....
....
....
....
....

ローズアップル

名前	
視覚	
聴覚	
皮膚感覚	
臭覚	
味覚	

思い出
....
....
....
....
....
....

雛人形の名前を知っていますか？

雛人形はよく見るので、知らない方は少ないかと思いますが、意識して見ていないと、何度見ていたとしても、それぞれの人形の位置や名前や役割まで、知っている人は少ないのではないでしょうか？

知識は「だいたいわかった」「なんとなく知っている」という状態でほったらかしにしておくと、「全く知らない」とほぼ同じと言われています。

なぜなら、「だいたいわかった」レベルでは人に説明することはできないからです。アウトプットできない情報は知らないことと同じなので、せっかく良い情報を得てもそれを有効活用することができません。

人に説明できるまで調べてみようと意識するだけで、記憶の素材のストックは増えていきます。

「はっきりわかった！」「完璧！」という状態が脳は大好きです。クリアにすることを心がけてみましょう。焦らずゆっくり正確に、お雛様を題材にして練習してみましょう。

《ステップ 1》 漢字を読む

お雛様にまつわる漢字一覧です。

次の漢字の読みを書いてみましょう。

（例）

だいりびな	おびな	めびな
内裏雛	男雛	女雛

内裏雛	男雛		女雛		
三人官女	加銚子		三方	長柄銚子	
五人囃子	太鼓	大鼓	小鼓	笛	謡い
随身	右大臣（橘）		左大臣（桜）		
仕丁	台笠		沓台	立傘	
お道具	箪笥	長持	鏡台	針箱	火鉢	茶道具
駕籠・車など	駕籠		重箱	御所車	
雪洞	右近の橘		左近の桜		

【答え】

だいりびな	おびな		めびな		
内裏雛	男雛		女雛		

さんにんかんじょ	くわえのちょうし		さんぼう	ながえのちょうし	
三人官女	加銚子		三方	長柄銚子	

ごにんばやし	たいこ	おおかわ	こつづみ	ふえ	うたい
五人囃子	太鼓	大鼓	小鼓	笛	謡い

ずいじん	うだいじん（たちばな）		さだいじん（さくら）		
随身	右大臣（橘）		左大臣（桜）		

しちょう	だいがさ		くつだい	たてがさ	
仕丁	台笠		沓台	立傘	

おどうぐ	たんす	ながもち	きょうだい	はりばこ	ひばち	ちゃどうぐ
お道具	箪笥	長持	鏡台	針箱	火鉢	茶道具

かご・くるまなど	かご		じゅうばこ	ごしょぐるま	
駕籠・車など	駕籠		重箱	御所車	

ぼんぼり	うこんのたちばな		さこんのさくら		
雪洞	右近の橘		左近の桜		

《ステップ2》場所を確認しながら言葉とイメージをつなげてみましょう。

練習）右と左をつないでみましょう。

《内裏雛》　★　　　　　　　　　★

《三人官女》　★　　　　　　　　★

《五人囃子》　★　　　　　　　　★

《随身》　★　　　　　　　　　　★

《仕丁》　★　　　　　　　　　　★

《お道具》　★　　　　　　　　　★

《駕籠・車》　★　　　　　　　　★

（答えは 152 ページ）

《ステップ3》さらに細かく分類し、役割を理解する。

◉1段目　内裏雛（男雛・女雛）上座はどっち？

　右と左、どちらが上座でしょう？　日本はもともと左上位の国です。これは日本古来の陰陽五行説から来ています。陰陽五行説は中国古来の陰陽説（万物は陰陽の二気によって生じると言う説）と五行説（万物は木・火・土・金・水の五気が元になっているという説）が合わさって生まれました。

　太陽が陽なら月が陰です。また、「天子南面す」という言葉はこの陰陽五行説から派生しました。

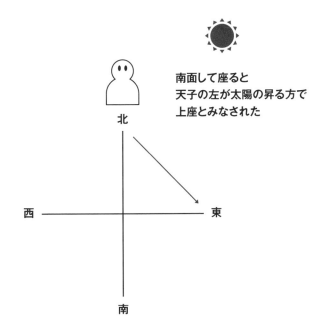

南面して座ると
天子の左が太陽の昇る方で
上座とみなされた

北

西　　　　　　　　　　　　東

南

　天子が南に向かって座ったときに自分の左側が東となり、太陽の昇る方向です。こちらを上座としたのがはじまりです。一方、西洋は右上位です。英語で右を表す「right」という単語は「聖なる」「正しい」という意味も含まれています。

　明治以降に皇室にも西洋的な思想が入り、海外のプロトコールマナーが取り入れられ、天皇を右にと考えられるようになりました。内裏雛もそれに従い男雛が女雛の右側に飾られるようになりました。今ではこの並びが主流となっていますが、現在でも男雛と女雛の並びについては全国で混在しています。京都を中心とする関西では、伝統的な並べ方、つまり、男雛が女雛の左側、左上位で飾られています。

　最上段のみ場所が入れ替えられ、2段目から下は左上位のままでお人形が並んでいるのでよく見ると不思議です。変えられたものと変わらないものが混在して新しい伝統が生まれているのは興味深いことです。

●2段目　三人官女（加銚子・三方・長柄銚子）

　お酌係の三人官女もよく見ると違いがあります。役割も違います。加銚子が長柄銚子にお酒を注ぎ、長柄銚子は盃にお酒を注ぎます。お歯黒をしている官女が既婚者です。三方を持つ官女は京風では松竹梅があしらわれた嶋台を持っています。長柄銚子が上座（内裏雛から見て左側・向かって右側）に飾られます。

◉3段目　五人囃子（太鼓・大鼓・小鼓・笛・謡い）

音楽を担当しているのが五人囃子です。ボーカル役の謡いが上座です。（内裏雛から見て左側・向かって右側）謡い→笛→小鼓→大鼓→太鼓の順に並べます。左側へ行くほど音の大きい楽器というふうに記憶すると覚えやすいですね。

◉4段目　随身（右大臣・左大臣）

上座（内裏雛から見て左側・向かって右側）に左大臣（老人）下座に右大臣（若者）がいます。左大臣の方が年上なので上座に飾られています。

◉5段目　仕丁（台笠・沓台・立傘）

上座（内裏雛から見て左側・向かって右側）から笑い上戸・泣き上戸・怒り上戸の三人上戸です。庶民代表の仕丁は喜怒哀楽を表現しています。持ち物は京風では台笠の代わりに熊手、沓台の代わりにちり取り、立傘の代わりに箒を持っています。

左近の桜、右近の橘もこの段に飾ります。

◉6段目　雛道具（箪笥・長持・鏡台・針箱・火鉢・茶道具など）

◉7段目　乗り物（駕籠・重箱・御所車）

《ステップ４》漢字で書いてみましょう。

だいりびな	おびな	めびな
内裏雛	男雛	女雛

さんにんかんじょ	くわえのちょうし	さんぽう
三人官女	加銚子	三方
	ながえのちょうし	
	長柄銚子	

ごにんばやし	たいこ	おおかわ
五人囃子	太鼓	大鼓
	こつづみ	ふえ
	小鼓	笛
	うたい	
	謡い	

ずいじん	うだいじん（たちばな）	さだいじん（さくら）
随身	右大臣（橘）	左大臣（桜）

しちょう	だいがさ	くつだい
仕丁	台笠	沓台
	たてがさ	
	立傘	

おどうぐ	たんす	ながもち
お道具	簞笥	長持
	きょうだい	はりばこ
	鏡台	針箱
	ひばち	ちゃどうぐ
	火鉢	茶道具

かご・くるまなど	かご	じゅうばこ
駕籠・車など	駕籠	重箱
	ごしょぐるま	
	御所車	

ぼんぼり	うこんのたちばな	さこんのさくら
雪洞	右近の橘	左近の桜

《ステップ５》ゆっくり・正確に・気持ちよく、全体の理解ができたら、空欄に人形の名前を書き入れてみましょう。

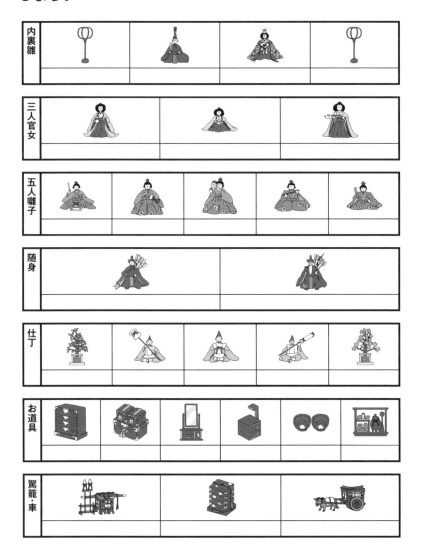

いかがでしたか？　ここまでやってみると、興味のなかった方も少しばかりお雛様に興味が出たのではないでしょうか？

好奇心を持つことで記憶力はアップします。

興味がない、関心がないと言ってしまうと、全てのものがどうでもよくなってしまいます。

興味のないことであったとしても、目を向けてよく見てみるとその中から、どんどん連想が始まって、次の興味へとつながっていきます。

全く知らない状態では好奇心を持つことはできません。少し知識を入れておくと、次にお雛様を見たときに「おもしろい！」と感じられる脳になっていることでしょう。

見るポイントはたくさんあります。これは京風？　関東風？　桜と橘の場所はあっているのか？　内裏雛が京風で仕丁の持ち物は関東風……ということは関東からの出稼ぎか？　などなど、お雛様を見るだけで話題が豊富に広がることでしょう。

「知ることは楽しい」そのような条件づけが脳内でいったん構築されると、学ぶのが大好きになります。学ぶことを続ける脳は一生いきいきと輝き続けます。

▶答え

① （17 ページ）

《カタバミ》

《唐門》

《ランタン》

《雲形定規》

《風呂敷》

③ （18 ページ）

《田楽》

《ドラ》

《頭巾》

《花笠》

《欄間》

②

《計器》

《床の間》

《獅子舞》

《裃》

《帯留め》

④

《稲妻》

《衣かつぎ》

《瓦》

《屏風》

《三方》

⑤ （19 ページ）

《長柄銚子》

《加銚子》

《盃》

《立傘》

《台笠》

⑥

《火焔太鼓》

《鞨鼓》

《笙》

《篳篥》

《琵琶》

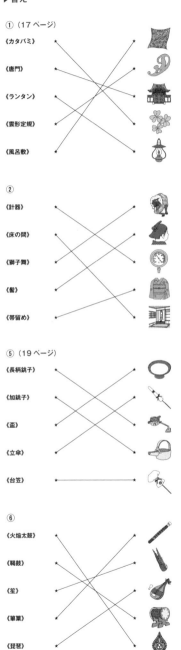
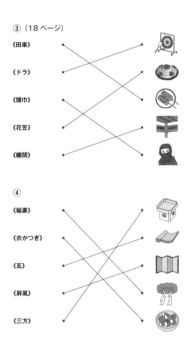

第3章
見えないものを
イメージする練習

Mnemonics

抽象的な言葉を記憶する

　抽象的な言葉を丸暗記しなければいけないとき、とても苦労しませんか？　実体の見えない言葉は見えるものと比べて記憶するときのひと工夫が必要です。その言葉を聞いた瞬間に連想ゲームのように、何か目に見えるものに転換する練習をすると記憶の定着のフックになります。この転換イメージはいわば自転車の補助輪のようなものです。最終的には補助輪がなくても自転車に乗れるようになるのと同じように、何度も補助輪付きで練習しているとやがて記憶が定着して、当初のイメージは外してしまっても忘れなくなります。覚えるときも何度も忘れてしまうということはなくなり、とても便利です。

　例えば、「優雅」という言葉。
　「優雅」という言葉を聞いたときに、「優雅」という言葉のイメージは見えますか？
　抽象的な概念は形として見えないので、その言葉から連想を膨らませて、何か目に見えるイメージに転換してみましょう。

　「優雅」という言葉の雰囲気から着物を着ている女性を思い浮かべるのもよし。「優雅さん」というお友達を思い浮かべてもか

まいません。「ゆうがさん」が周りにいなければ、「ゆうかさん」「ゆかさん」はいませんか？　似ている音からの連想でもOKです。

　やり方は無数にありますので、ご自身の取り組みやすい方法でイメージ化してみてください。

　こうでなければならないというルールはありませんので、自由に発想を広げて楽しみながら取り組んでみましょう。

　パターン例はいくつかのアイデアです。これ以外にも様々な方法があります。自分オリジナルの法則を脳内で探し出すのも楽しい作業ですので、チャレンジしてみましょう。

▶パターン例1　言葉の概念からイメージ化する

・「優雅」の意味は「優しく雅やかなこと」○○さんにピッタリだから○○さんを使おう！

・「優しくみやびやか」源氏物語のイメージなので十二単を着たお姫様を使おう！

▶パターン例2　漢字からイメージ化する

・「優」「雅」からの連想　同じ漢字の知り合いや有名人がいればその人に決定！

▶パターン例３　音からイメージする

「ゆうが」「お」を加えて「ゆうがお」にし、夕顔の花をイメージする。

▶パターン例４　思い出からイメージ化する

旅行先で優雅な時間を過ごしたなという思い出の１ページを切り取ってイメージする。

　などなど、何でもかまわないので、脳内で何かが見えていて、そのイメージから言葉が引き出せれば OK です。

　抽象的な言葉のままで記憶するよりも格段に楽になるのを体感することでしょう。

　次ページの抽象的な単語から連想して、「目に見えるもののイメージ」に変換する練習をしましょう。

【練習問題】

抽象的な概念の言葉	目に見えるイメージ
安心	
愉快	
恐縮	
歓喜	
恐怖	
希望	
親切	
本質	
礼儀	
友情	
集中	
反復	

抽象的な概念の言葉	目に見えるイメージ
奮闘	
複雑	
保証	
資源	
確認	
考案	
厳格	
貪欲	
由来	
誠実	
上品	
好奇心	
貢献	

抽象的な概念の言葉	目に見えるイメージ
任意	
習慣	
必要	
感受性	
目的	
相互	
尊敬	
慈悲	
理解	
伝統	
実行	
決意	
感謝	

カタカナ文字を記憶する

　世界史の記憶でカタカナ文字の暗記に挫折した人は多いのではないでしょうか？　これも実体の見えない言葉をむりやり暗記しようとすると、大変です。

　カタカナ文字はいくつかに分解して、こじつけイメージを作ってしまうと、簡単に頭に入ります。

　意味不明なカタカナ文字に何らかの関連づけをする練習です。

　例えばギリシャの7賢人を覚えなければならないとします。

　ギリシャの7賢人は諸説あるのでここではプラトンの『プロタゴラス』という著作の中で上げられた7人を使います。

1.　アテナイの立法者ソロン
2.　ミレトスの哲学者タレス
3.　スパルタの民選長官キロン
4.　プリエネの僭主ビアス
5.　リンドスの僭主クレオブロス
6.　ミュティレネの僭主ピッタコス
7.　ケナイの農夫ミュソン

　カタカナの羅列に見えますが、深呼吸してよく見ると、前半は地名、真ん中は役職、右は名前ですね。しかしながらこのままでは全部イメージが見えません。

　そこで見えないカタカナ文字は何かしらの見えるイメージに変えます。
　文字の一部に知っている単語があれば採用します。言葉の雰囲気から似たようなものを選ぶのも良いです。答えは1つではありませんので、オリジナルのこじつけイメージを作ってみましょう。

　例えばプラトンという文字列であれば、プラトンの顔を知らなければ「プラスチック製のトンボ」をイメージします。

7賢人の名前	イメージ
ソロン	
タレス	
キロン	
ビアス	
クレオブロス	
ピッタコス	
ミュソン	

答えの例） ソロン→そろばん／タレス→レタス／キロン→長い木／ビアス→ピアス／クレオブロス→ブロンズのクレオパトラ／ピッタコス→タコス／ミュソン→♪（ミュージックソング）

名前をイメージ化できたら、地名にも挑戦してみましょう。

地名	イメージ
アテナイ	
ミレトス	
スパルタ	
プリエネ	
リンドス	
ミュティレネ	
ケナイ	

答え例） アテナイ→アンテナ／ミレトス→ミレーがトスをしている／スパルタ→スパゲティ／プリエネ→プリクラの絵ね／リンドス→りんどう／ミュティレネ→ミューがティを入れてね（ミューのお茶会）／ケナイ→毛がないかつら

　イメージができたら2つずつをストーリー的に関連づけるか、イメージ同士の連結をします。

※イメージ連結、ストーリー法の詳細は拙著『瞬間記憶術』をご参照

地名	イメージ	賢者の名前	イメージ	2つのイメージ
アテナイ		ソロン		
ミレトス		タレス		
スパルタ		キロン		
プリエネ		ビアス		
リンドス		クレオブロス		
ミュティレネ		ピッタコス		
ケナイ		ミュソン		

例）

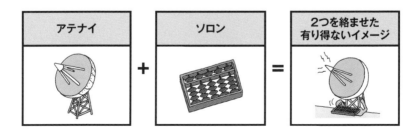

２つずつのイメージがつながりましたか？

では次の練習をしてみましょう。

　頭の中のイメージを見ながら、文字を引き出し、場所の名前に対応する賢人の名前を書き入れましょう。

地名	7賢人の名前
アテナイ	
ミレトス	
スパルタ	
プリエネ	
リンドス	
ミュティレネ	
ケナイ	

賢者の名前から地名を答えましょう。

7賢人の名前	地名
ソロン	
タレス	
キロン	
ビアス	
クレオブロス	
ピッタコス	
ミュソン	

英単語を記憶する

　英単語の記憶も苦労する方は多いのではないでしょうか？　英単語は覚える数が多いので、一つの方法論だけで全ての単語をカバーするのは無理があります。語源、カタカナ、イメージ、語呂合わせ、背景記憶など様々な方法を組み合わせて、いかに飽きずに大量の単語を入れるかが勝負です。

　記憶はインパクト×回数で定着しますので、面白いイメージを作ることができると１回で記憶に残ります。

　まず次の言葉をイメージしてみてください。

① 「バーバー」「バーバー」と叫びながら、こちらへ向かってくる野蛮人

②耳にピアスの穴を空けようとして、自分で針を突き刺している様子

③スターがコーヒーカップをスプーンでかき回している様子

④お弁当の中に大きなプリンが入っていて邪魔〜！

⑤大きなアブが象の首に止まって、血をチューチューと吸収している

　頭の中にイメージできましたか？

では、次の英単語と意味を線でつないでみてください。

barbarian（バーバリアン）★   ★ かき回す

pierce（ピアス）★   ★ 邪魔をする

stir（スター）★   ★ 野蛮人

prevent（プリベント）★   ★ 吸収する

absorb（アブゾーブ）★   ★ 突き刺す

正解）

barbarian：野蛮人

pierce：突き刺す

stir：かき回す

prevent：邪魔をする

absorb：吸収する

いかがでしょうか？　英語を見るまでもなく意味がわかりませんでしたか？

この単語は落合浩一先生の『全脳記憶英単語　快単 Vol.1 Vol.2』（筑波書林）から拝借しました。2201単語分の面白いイメージが作られています。興味のある方はぜひご覧になってみてください。

ではいくつかの英単語記憶にも挑戦してみましょう。

自分なりに単語の意味に関連づけをしてみる練習です。

覚えたい単語を書き込んでイメージや関連づけを作ってみましょう。

例）

・windfall（ウィンドフォール）：予期せぬ幸運

（風が吹いてリンゴが空から落ちてきたラッキー）

・spree（スプリー）：ばか騒ぎ

（スプレー撒いてばか騒ぎ）

・havoc（ハボック）：大混乱

（大根かじったら歯がぼっきり折れて大混乱）

覚えたい英単語（発音）	意味	イメージ・関連づけ

時代を記憶する

　歴史の時代の流れを記憶するときもイメージ化してしまえば簡単に頭に入ります。

　日本の歴史の時代を覚えるときにも役に立ちます。
それぞれの時代をイメージ化してみましょう。

例)

自分でイメージを決めて、空欄に絵を描いてみましょう。

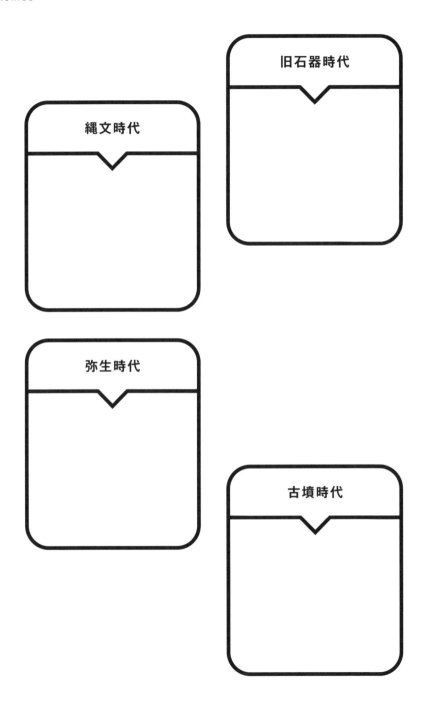

縄文時代

旧石器時代

弥生時代

古墳時代

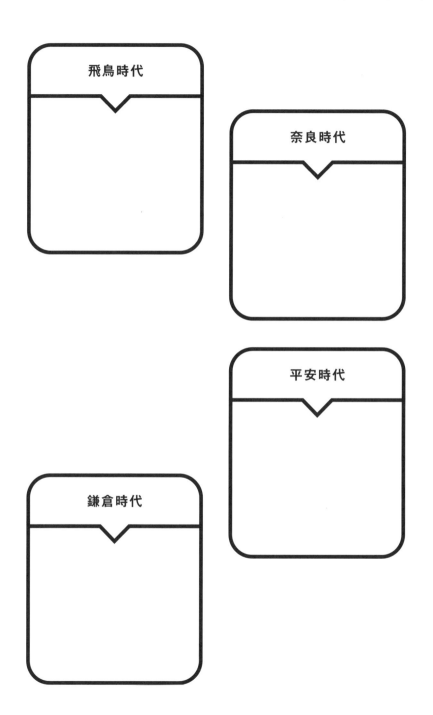

飛鳥時代

奈良時代

平安時代

鎌倉時代

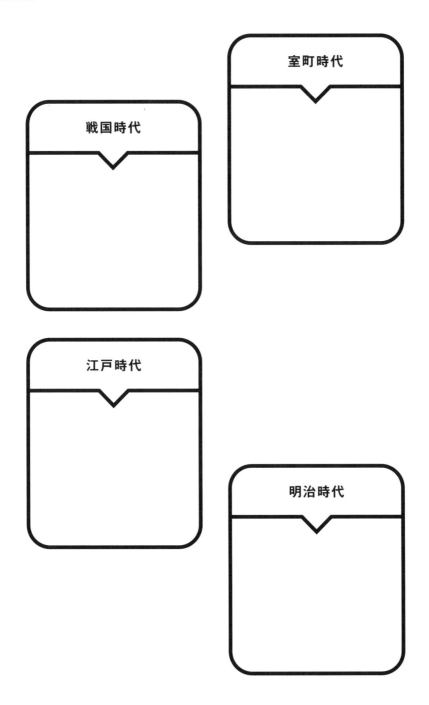

戦国時代

室町時代

江戸時代

明治時代

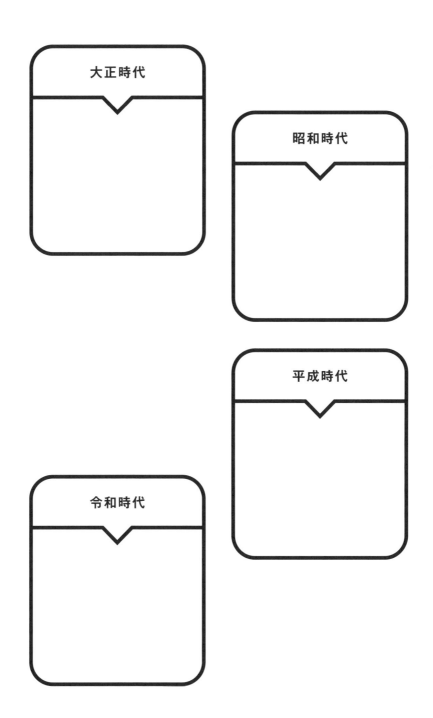

数字を記憶する

　数字も目に見えないイメージしにくいものの典型です。長い数字を数字のままで覚えている人は稀で、たくさんの数字を覚えるときは何かしらのイメージに変えて頭に入れていくのがコツです。

　予め数字を二桁に区切ってイメージを決めておくと、長い数字を見たときにも２つずつ区切ってイメージをつなげていけば簡単に頭に入ります。

　オリジナルの数字変換表を作成してみましょう。

▶パターン1　形が似ているものを使う

　一桁の数字はシンプルに形が似ているものから連想してみましょう。

　例えば1なら、尖った形状のものなら何でもオッケーです。煙突、ポッキー、鉛筆などなど。

　2はアヒル、白鳥、スワンボートなど。

　3は耳、尖った唇、メガネ　4はヨット、三角定規、という具合で一番しっくりくるものを使いましょう。

例）

数字	0	1	2	3	4
イメージ	フラフープ	鉛筆	スワンボート	耳	ヨット
	5	6	7	8	9
	鍵	象の鼻	崖	雪だるま	風船

【自分のイメージ】

数字	0	1	2	3	4
イメージ					
	5	6	7	8	9

▶パターン2　語呂合わせ

15　イチゴ　31　サイコロ　など数字をひらがなにして何か目に見えるものにつなげていきます。

うまく語呂合わせできるものと、語呂合わせで作りにくいものもあるのですが、下の表を参考に作ってみてください。多少こじつけても、自分でわかればOKです。

語呂合わせ転換表（例）

0	1	2	3	4
れい	いち	に	さん	よん
ぜろ	ひと	ふた	みっ	し
おー	ひー	ふー	みー	よっ
れ	わん	つー	すりー	よー
ない		じ	さ	ふぉ
わ				よ
まる				

5	6	7	8	9
ご	ろく	なな	はち	く
いつ	むっつ	しち	やっ	きゅう
ふぁい	むー	な	やー	ここの
こ	ろっく	せぶん	えいと	こー
	しっくす		ぱあ	ないん

▶パターン3　フリック入力式

スマートフォンでメールを打つときにフリック入力をしている
方は、頭の中で数字とひらがなをつないで転換することも可能で
す。

「あ」を押すと出てくる「あいうえお」は「1」です。

11なら「あいうえお」と「あいうえお」の組み合わせで何か
見えるものに変換します。

「アイスクリーム」「iPhone」「アイビー」「家」「ういろう」「え
い」などたくさん作れます。

最初の数字はあ行の文字を使うと、思い出しやすいのでお勧め
です。

▶パターン４　その数字にまつわる連想から作る方法

　背番号や出席番号などその数字から誰か思い浮かぶ人がいる場合は、すでに頭の中で数字と人が結びついているので使うことができます。

　新たに結びつけて作ってもよいです。

　いずれかの方法で自分なりの数字変換表を作ってみましょう。

　表が完成したら、番号からイメージ、イメージから番号を出す練習をしましょう。

■自分のイメージ

11	12	13	14	15	16	17	18	19	20
21	22	23	24	25	26	27	28	29	30
31	32	33	34	35	36	37	38	39	40
41	42	43	44	45	46	47	48	49	50
51	52	53	54	55	56	57	58	59	60
61	62	63	64	65	66	67	68	69	70
71	72	73	74	75	76	77	78	79	80
81	82	83	84	85	86	87	88	89	90
91	92	93	94	95	96	97	98	99	100
01	02	03	04	05	06	07	08	09	00

■書き出し練習用

11	12	13	14	15	16	17	18	19	20
21	22	23	24	25	26	27	28	29	30
31	32	33	34	35	36	37	38	39	40
41	42	43	44	45	46	47	48	49	50
51	52	53	54	55	56	57	58	59	60
61	62	63	64	65	66	67	68	69	70
71	72	73	74	75	76	77	78	79	80
81	82	83	84	85	86	87	88	89	90
91	92	93	94	95	96	97	98	99	100
01	02	03	04	05	06	07	08	09	00

　シャッフルした数字からもイメージが出せるようになるまで練習しましょう。

　例）

25	43	56	69	45	33	21	98

01	77	13	89	29	61	17	39

　自分用に作った表をしっかり覚えるまでは、少し時間がかかるかもしれませんが、一度覚えてしまえば便利に使えますので、1数字1秒で出せるようになるまで練習してみてください。

　2ケタのイメージがでるようになったら、イメージ同士を連結する練習をしましょう。

3874	2569	8459	0569

7598	6258	4695	1692

パスワードや記号を記憶する

　パスワードを決めるときの記号がなかなか覚えられなくて困ることはありませんか？

　記号も予め自分なりにわかりやすいイメージに変換しておくと便利です。

　記号にはそれぞれ名前があります。

　まずは次ページの表の、名前を知らないものに［✔］を入れてみましょう。

　「知っていること」と「知らないこと」を区別できると、次に何をするべきかが見えてきます。

　闇雲に記憶するのではなく、最初の第一歩はこの仕分けです。

記号	名前	✓
!	エクスクラメーション	
”	ダブルクォーテーション	
#	ハッシュ	
$	ドル	
%	パーセント	
&	アンパサンド	
’	アポストロフィ	
(	左小かっこ	
)	右小かっこ	
~	チルダ	
^	アクサンシルコンフレックス	
|	縦線・縦棒	
@	アットマーク	
*	アスタリスク	
;	セミコロン	
:	コロン	
<	不等号	
=	イコール	
?	クエスチョンマーク	
.	ピリオド	

いくつくらい知らない記号がありましたか？

記号の名前がわかると、わからなかったときに比べると、その記号を認識しやすくなりますが、これらの記号も形があるとはいえ、覚えにくいものです。

そこでイメージしやすい形にイメージを転換してみましょう。

記号の形から連想して、目に見えるものに変換する表を作ります。

名前からの連想でもOKです。

例えば「￥」円マークなら、名前から1円玉（1円玉の絵）や形から木の枝で作ったパチンコなどに変換しておくと「￥」をそのままイメージするより覚えやすくなります。

ご参考までに私が作ったイメージです。

記号	名前	イメージ（例）
！	エクスクラメーション	野球のバット
”	ダブルクォーテーション	タンポポの綿毛
＃	ハッシュ	ハッシュドポテト
＄	ドル	ドル袋
％	パーセント	滑り台
＆	アンパサンド	ゆりかご
’	アポストロフィ	くぎ
（	かっこ	かっこう
｛	波かっこ	横顔の女性
～	チルダ	ミミズ
＾	アクサンシルコンフレックス	山
｜	縦線・縦棒	綿棒
＠	アットマーク	トマト
＊	アスタリスク	星
；	セミコロン	セミ
：	コロン	お菓子のコロン
＜	不等号	カラスのくちばし
＝	イコール	天秤
？	クエスチョンマーク	シャベル
・	ピリオド	ビー玉

自分のイメージを作ってみましょう。

記号	名前	自分のイメージ
!	エクスクラメーション	
"	ダブルクォーテーション	
#	ハッシュ	
$	ドル	
%	パーセント	
&	アンパサンド	
'	アポストロフィ	
(	かっこ	
{	波かっこ	
~	チルダ	
^	アクサンシルコンフレックス	
|	縦線·縦棒	
@	アットマーク	
*	アスタリスク	
;	セミコロン	
:	コロン	
<	不等号	
=	イコール	
?	クエスチョンマーク	
·	ピリオド	

■書き出し練習

:		*		
•		;		
"		~		
=		$		
|		'		
@		%		
!		?		
<		&		
^		#		
(		{		

◎練習問題

& ～ ＞｝

ストーリー例）

　ゆりかごのなかのミミズをカラスがくちばしでつついているの
を横顔の女性が見つめている。

問題	ストーリー
(& * @	
? $ " ^	
~ = & $	
! : < #	
" * ? |	
< ・ ; (	
# = ^ %	
$ ~ ! {	
% @ ? #	
& : ~ <	
' ! ; "	
({ < =	
{ ・ $ *	
~ ? ^ "	
^ { ・ #	
| ! " <	
@ (^ =	
* $ % {	
: < ~ !	

　ストーリーを作ってイメージして頭の中で見えたら、今度はそのイメージから記号を出す練習をしてみましょう。

季節・各月を記憶する

　１月から１２月までの各月をイメージに転換してみましょう。

　それができたら、さらに各月の和名まで覚えて、さらりと使えるとかっこいいですね。

月	和名
1月	睦月（むつき）
2月	如月（きさらぎ）
3月	弥生（やよい）
4月	卯月（うづき）
5月	皐月（さつき）
6月	水無月（みなづき）
7月	文月（ふみづき）
8月	葉月（はづき）
9月	長月（ながつき）
10月	神無月（かんなづき）
11月	霜月（しもつき）
12月	師走（しわす）

《ステップ１》各月の象徴的なイメージを決めます。

例）

1月：羽子板／2月：チョコレート／3月：雛人形／4月：桜
5月：鯉のぼり／6月：かたつむり／7月：七夕飾り／8月：茄
子の牛／9月：菊の花／10月：ハロウィンのかぼちゃ／11月：
熊手／12月：クリスマスツリー

	自分なりのイメージ
1月	
2月	
3月	
4月	
5月	
6月	
7月	
8月	
9月	
10月	
11月	
12月	

それぞれの和名もイメージ化してみましょう。

	自分なりのイメージ
睦月（むつき）	
如月（きさらぎ）	
弥生（やよい）	
卯月（うづき）	
皐月（さつき）	
水無月（みなづき）	
文月（ふみづき）	
葉月（はづき）	
長月（ながつき）	
神無月（かんなづき）	
霜月（しもつき）	
師走（しわす）	

例）

睦月（むつごろう）／如月（皿）／弥生（弥生式土器）／卯月（う
さぎ）／皐月（さつきの花）／水無月（水）／文月（手紙）／葉月（葉っ
ぱ）／長月（長いも）／神無月（かんな）／霜月（霜柱）／師走（先生）

２つのイメージをつないでみましょう。

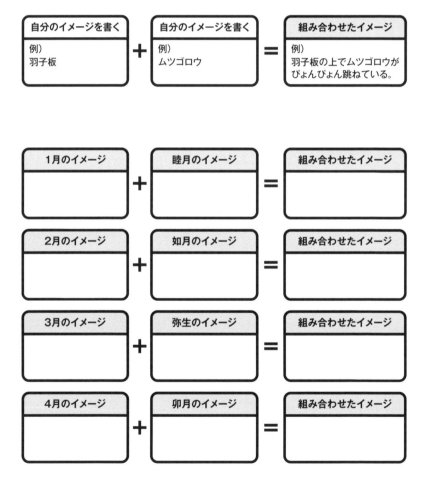

5月のイメージ	+	皐月のイメージ	=	組み合わせたイメージ

6月のイメージ	+	水無月のイメージ	=	組み合わせたイメージ

7月のイメージ	+	文月のイメージ	=	組み合わせたイメージ

8月のイメージ	+	葉月のイメージ	=	組み合わせたイメージ

9月のイメージ	+	長月のイメージ	=	組み合わせたイメージ

10月のイメージ	+	神無月のイメージ	=	組み合わせたイメージ

11月のイメージ	+	霜月のイメージ	=	組み合わせたイメージ

12月のイメージ	+	師走のイメージ	=	組み合わせたイメージ

▶答え

① （31 ページ）

② （32 ページ）

③ （33 ページ）

④ （34 ページ）

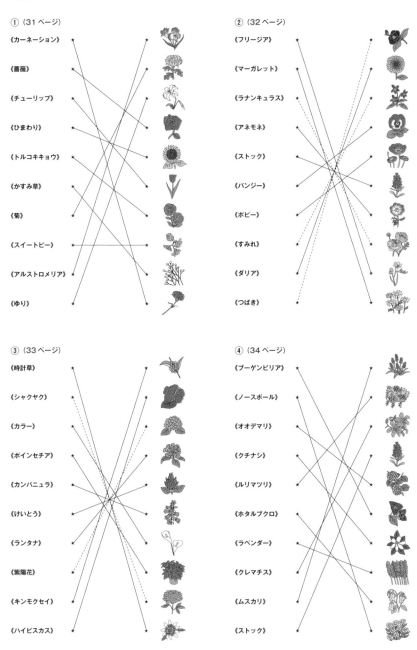

第 **4** 章

覚えたものを保存する脳内ハードディスクを作る練習

Mnemonics

覚えたらすぐに脳の引出しにしまう

　さて、ここまで目に見えない抽象的なものを目に見えるものに変換する練習をしてきましたが、今の段階では覚えたものが宙に浮かんだような状態で、すぐには取り出せないのではないでしょうか？　記憶のステップは記銘して、保持して、想起することです。せっかく覚えた情報も、何のメンテナンスもせずにそのままにしておくと、どんどん記憶は薄れていきます。

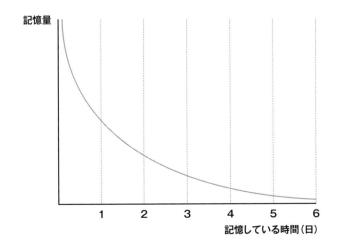

　パソコンのデスクトップにたくさんのファイルを出しっ放しにして、量が多くなってくるとどれがどれかわからなくなることはありませんか？　少し手間をかけて、情報をきれいにフォルダ分けして保存しておくと探すのが楽になります。

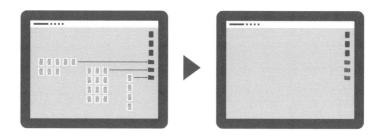

　同じく、脳の中の情報も脳内フォルダを作って保存する方法があります。

　メモリーパレス（記憶の宮殿）というものです。

　宮殿などと大げさな言い方をするので、一体どんな手法だと思うかもしれませんが、原理はごく単純なものです。脳はすでに脳内にある情報と新規情報を結びつけると想記が容易くなるというだけなので、その情報を格納する場所を意識的に作ってやれば良いというわけです。

　格納する場所は自分の記憶の中にある「変わらないもの」なら何でも使えます。

　皆さんの身の回りにある風景全てです。それを脳内のハードディスクとして使用することによって、宙に浮いていた情報を格納することができ、思い出すこともビックリするほど容易になるでしょう。

では、練習してみましょう。

　今皆さんがいる場所はどこですか？　ご自宅でしょうか？　なじみのカフェでしょうか？　職場でしょうか？

　どこでもかまいません。

　今見えている風景をよく見てみてください。

　そこに何がありますか？

　目線を追いながら意識に止まりやすい 10 個のものや場所を時計回りか時計と反対回りに決めてイメージの中でピンを刺していってください。そこに 1 〜 10 の番号をつけましょう。

1	
2	
3	
4	
5	
6	
7	
8	
9	
10	

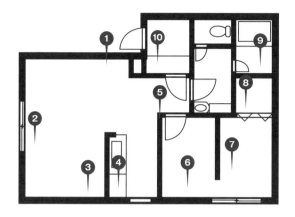

　10カ所の場所が決まったら、目を閉じてイメージの中でその部屋を見渡してください。目を閉じても10カ所思い出せますか？

　自分で決めた10箇所を書き出してみましょう。

1	
2	
3	
4	
5	
6	
7	
8	
9	
10	

　では、この格納場所に記憶したいものを置いていきます。次の
10個の単語をイメージの格納場所に置いてみてください。その
場所に存在しているかのように心の目で見ていきます。

　　１：アンテナ　２：鏡　３：スパゲティ　４：プリクラ

　　５：りんどう　６：猫　７：かつら　８：鬼

　　９：トラ　10：エッフェル塔

　何度か繰り返し、ここにはこれがあったな〜と思い出してみま
しょう。

　イメージの中の場所を巡りながら、そこに置いた単語を取り出
せましたか？

　書き出してみましょう。

1	
2	
3	
4	
5	
6	
7	
8	
9	
10	

忘れてしまったところはイメージが緩いので、その場所にピタッとくっつける感じで置いていきます。

満点が取れるようになるまで繰り返してください。気持ちよく取り出せたら自分に拍手！

さらにたくさんの収納場所があると便利です。

前ページの要領で、知っている場所を使って 100 カ所の保管場所を作ってみましょう。

1	保管場所
1	
2	
3	
4	
5	
6	
7	
8	
9	
10	

2	保管場所
1	
2	
3	
4	
5	
6	
7	
8	
9	
10	

3	保管場所
1	
2	
3	
4	
5	
6	
7	
8	
9	
10	

4	保管場所
1	
2	
3	
4	
5	
6	
7	
8	
9	
10	

5	保管場所
1	
2	
3	
4	
5	
6	
7	
8	
9	
10	

6	保管場所
1	
2	
3	
4	
5	
6	
7	
8	
9	
10	

7	保管場所
1	
2	
3	
4	
5	
6	
7	
8	
9	
10	

8	保管場所
1	
2	
3	
4	
5	
6	
7	
8	
9	
10	

9	保管場所
1	
2	
3	
4	
5	
6	
7	
8	
9	
10	

10	保管場所
1	
2	
3	
4	
5	
6	
7	
8	
9	
10	

　表を全部埋めると合計１１０カ所記憶の保管場所の完成です。この場所に覚えたい新情報を収納しておくと、思い出すのがぐっと楽になります。

　この場所は第５章で瞬間記憶のトレーニングをするのに使います。

第 **5** 章

時間を計って
記録を伸ばす練習

Mnemonics

頭の引出しから瞬時に取り出す

　前章で作った保管場所に 1 章から 3 章までにイメージした単語を入れて行く練習です。

　時間を計ってチャレンジしてみてください。1 日 1 回 10 個の単語をどれくらいの時間で覚えられるかタイムを計っていきましょう。

　毎日同じことを繰り返して練習していると、様々な気づきや発見があると思います。それもぜひ記録しておかれることをお勧めします。

　あとで見返してみると、自分の脳のクセがわかってきますので、自分の脳の取扱説明書になります。

　では、ストップウォッチやタイマーなど秒までの時間が計れるものを準備してください。

①の保管場所に入れる問題

1	りんご
2	かめ
3	スイカ
4	あり
5	船
6	ピアノ
7	シーソー
8	旗
9	チューリップ
10	トンボ

チャレンジ日　　　　　／　　／

タイム　　　　　　　分　　　　秒

気づいたこと

②の保管場所に入れる問題

1	時計
2	本
3	カーテン
4	ストーブ
5	蛇口
6	ボール
7	椅子
8	みかん
9	薔薇
10	どんぐり

チャレンジ日　　　　　／　　／

タイム　　　　　　　分　　　　秒

気づいたこと

③の保管場所に入れる問題

1	はさみ
2	クッション
3	木
4	写真
5	帽子
6	イチゴ
7	皿
8	箸
9	カバン
10	手袋

チャレンジ日　　　　　／　　／

タイム　　　　　　分　　　秒

気づいたこと

....
....
....
....
....
....
....

④の保管場所に入れる問題

1	ヨーヨー
2	魚
3	わに
4	靴
5	スプレー
6	箱
7	絵
8	リモコン
9	自転車
10	消化器

チャレンジ日　　　　　／　　／

タイム　　　　　　分　　　秒

気づいたこと

....
....
....
....
....
....
....

⑤の保管場所に入れる問題

1	パソコン
2	剣玉
3	ろうそく
4	指輪
5	めがね
6	こうもり
7	バット
8	靴べら
9	車
10	針

チャレンジ日　　　　／　　／

タイム　　　　　　分　　　　秒

気づいたこと

⑥の保管場所に入れる問題

1	カタバミ
2	唐門
3	ランタン
4	雲形定規
5	風呂敷
6	計器
7	床の間
8	獅子舞
9	髷
10	帯留め

チャレンジ日　　　　／　　／

タイム　　　　　　分　　　　秒

気づいたこと

⑦の保管場所に入れる問題

1	田楽
2	ドラ
3	頭巾
4	花笠
5	欄間
6	稲妻
7	衣かつぎ
8	瓦
9	屏風
10	三方

チャレンジ日　　　　　／　　　／

タイム　　　　　　　　分　　　　秒

気づいたこと

⑧の保管場所に入れる問題

1	長柄銚子
2	加銚子
3	盃
4	立傘
5	台笠
6	沓台
7	火焔太鼓
8	鞨鼓（かっこ）
9	笙（しょう）
10	篳篥（ひちりき）

チャレンジ日　　　　　／　　　／

タイム　　　　　　　　分　　　　秒

気づいたこと

⑨の保管場所に入れる問題

1	カーネーション
2	薔薇
3	チューリップ
4	ひまわり
5	トルコキキョウ
6	かすみ草
7	菊
8	スイートピー
9	アルストロメリア
10	ゆり

チャレンジ日　　　／　　／

タイム　　　　　分　　　秒

気づいたこと

⑩の保管場所に入れる問題

1	フリージア
2	マーガレット
3	ラナンキュラス
4	アネモネ
5	ストック
6	パンジー
7	ポピー
8	すみれ
9	ダリア
10	つばき

チャレンジ日　　　／　　／

タイム　　　　　分　　　秒

気づいたこと

11日目には保管場所がなくなってしまいます。でも大丈夫です。最初の練習で作った保管場所の記憶は、何もメンテナンスせずにそのままにしておくと消えていると思いますので、また最初の場所に戻ってその保管場所を使います。

何度も繰り返してチャレンジしているうちに、記憶の保管場所そのものの保管力が強化されていきます。

この保管場所は練習用と位置づけて何度も使いましょう。

では次の11日サイクルの問題です。

基本の保管場所に入れる問題

1	時計草
2	シャクヤク
3	カラー
4	ポインセチア
5	カンパニュラ
6	けいとう
7	ランタナ
8	紫陽花
9	キンモクセイ
10	ハイビスカス

チャレンジ日 　　　／　　　／

タイム 　　　分　　　秒

気づいたこと

①の保管場所に入れる問題

1	ブーゲンビリア
2	ノースポール
3	オオデマリ
4	クチナシ
5	ルリマツリ
6	ホタルブクロ
7	ラベンダー
8	クレマチス
9	ムスカリ
10	ストック

チャレンジ日　　　　／　　／

タイム　　　　　　分　　　秒

気づいたこと

②の保管場所に入れる問題

1	桃
2	梅
3	桜
4	アーモンド
5	アヤメ
6	花菖蒲
7	燕子花
8	菖蒲
9	かしわもち
10	かぶと虫

チャレンジ日　　　　／　　／

タイム　　　　　　分　　　秒

気づいたこと

③の保管場所に入れる問題

1	ウグイス
2	キジバト
3	シジュウカラ
4	スズメ
5	ツグミ
6	ツバメ
7	白鳥
8	わし
9	にわとり
10	カナリア

チャレンジ日　　　　／　　／

タイム　　　　　　分　　　秒

気づいたこと

④の保管場所に入れる問題

1	ヒバリ
2	ヒヨドリ
3	ムクドリ
4	メジロ
5	リンゴ
6	梨
7	イチゴ
8	ざくろ
9	アケビ
10	サクランボ

チャレンジ日　　　　／　　／

タイム　　　　　　分　　　秒

気づいたこと

④の保管場所に入れる問題

1	桃
2	柿
3	みかん
4	ぶどう
5	すいか
6	メロン
7	レモン
8	桑の実
9	ブルーベリー
10	ドリアン

チャレンジ日　　　／　　／

タイム　　　　　　分　　　秒

気づいたこと

⑤の保管場所に入れる問題

1	マンゴスチン
2	マンゴー
3	パパイヤ
4	パッションフルーツ
5	ライチ
6	ロンガン
7	釈迦頭
8	サワーソップ
9	スターフルーツ
10	タマリンド

チャレンジ日　　　／　　／

タイム　　　　　　分　　　秒

気づいたこと

⑥の保管場所に入れる問題

1	ドラゴンフルーツ
2	カラマンシー
3	ランブータン
4	ポメロ
5	パイナップル
6	バナナ
7	ローズアップル
8	男雛
9	女雛
10	加銚子

チャレンジ日 　　　　／　　／

タイム　　　　　　分　　　秒

気づいたこと

④の保管場所に入れる問題

1	三方
2	長柄銚子
3	太鼓
4	大鼓
5	小鼓
6	笛
7	謡い
8	右大臣
9	左大臣
10	台笠

チャレンジ日 　　　　／　　／

タイム　　　　　　分　　　秒

気づいたこと

⑤の保管場所に入れる問題

1	沓台
2	立笠
3	箪笥
4	長持
5	鏡台
6	針箱
7	火鉢
8	茶道具
9	駕籠
10	重箱

チャレンジ日　　　　／　　／

タイム　　　　　　分　　　秒

気づいたこと

⑥の保管場所に入れる問題

1	御所車
2	優雅
3	安心
4	愉快
5	恐縮
6	歓喜
7	恐怖
8	希望
9	親切
10	本質

チャレンジ日　　　　／　　／

タイム　　　　　　分　　　秒

気づいたこと

⑦の保管場所に入れる問題

1	礼儀
2	友情
3	集中
4	アテナイ
5	ミレトス
6	スパルタ
7	プリエネ
8	リンドス
9	ミュティレネ
10	ケナイ

チャレンジ日　　　　　／　　／

タイム　　　　　分　　　秒

気づいたこと

⑧の保管場所に入れる問題

1	barbarian
2	pierce
3	stir
4	prevent
5	absorb
6	windfall
7	spree
8	haboc
9	旧石器時代
10	縄文時代

チャレンジ日　　　　　／　　／

タイム　　　　　分　　　秒

気づいたこと

⑨の保管場所に入れる問題

1	弥生
2	古墳
3	飛鳥
4	奈良
5	平安
6	鎌倉
7	室町
8	戦国
9	江戸
10	明治

チャレンジ日 　／　／

タイム　　　分　　秒

気づいたこと

⑩の保管場所に入れる問題

1	昭和
2	平成
3	令和
4	バット
5	タンポポの綿毛
6	ハッシュドポテト
7	ドル袋
8	滑り台
9	ゆりかご
10	くぎ

チャレンジ日 　／　／

タイム　　　分　　秒

気づいたこと

　２周目が終わりました。また最初に戻ります。前のものを忘れてしまっていても問題ありません。ここでは瞬間記憶力と集中力、イメージ力の訓練をしています。

　この訓練は一種の筋トレのようなものですから、これらをもしも試験など大切なものの記憶に使うのであれば、忘れてしまう前に何度か繰り返し思い出す作業をすれば定着します。

　３周目の１１日間チャレンジ……と続けていくと段々自分の記憶の見極めができるようになってきます。

基本の保管庫に入れる問題

1	かっこう
2	横顔の女性
3	ミミズ
4	山
5	綿棒
6	トマト
7	星
8	セミ
9	お菓子のコロン
10	イヤリング

チャレンジ日　　　　　／　　　／

タイム　　　　　　　分　　　　　秒

気づいたこと

以下、コピーしてご使用ください。

○の保管庫に入れる問題

1	
2	
3	
4	
5	
6	
7	
8	
9	
10	

チャレンジ日 ／ ／

タイム 分 秒

気づいたこと

○の保管庫に入れる問題

1	
2	
3	
4	
5	
6	
7	
8	
9	
10	

チャレンジ日 ／ ／

タイム 分 秒

気づいたこと

▶答え

（42 ページ）

《あやめ》

《花菖蒲》

《かきつばた》

《菖蒲》

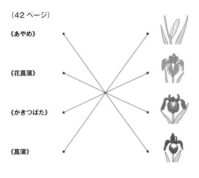

（43、46 ページ）

《ウグイス》

《キジバト》

《シジュウカラ》

《スズメ》

《ツグミ》

《ツバメ》

《ヒバリ》

《ヒヨドリ》

《ムクドリ》

《メジロ》

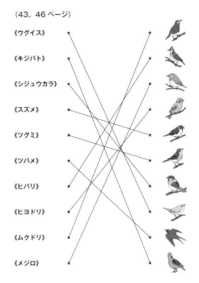

（64 ページ）

《内裏雛》

《三人官女》

《五人囃子》

《随身》

《仕丁》

《お道具》

《駕籠・車》

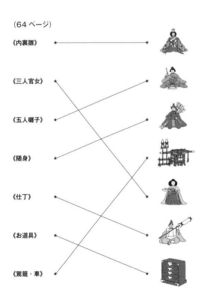

第6章
自分の覚えたいものを
覚える練習

Mnemonics

自分が今記憶しておきたいものは？

　ここまで記憶の保管庫に記憶を保存する練習を積み重ねてきました。

　記憶法の基本は単純で「イメージングと関連づけ」をすることだけですので、やり方は「こうでなければならない」というものはありません。

　基本を知ったあとは、応用するだけです。

　自分なりのシステムを構築していかれると、さらに広がっていくことでしょう。

　さて、この章ではいよいよご自身の覚えたいものを記憶していくことにチャレンジしましょう。

　ご家族の携帯番号、クレジットカードの番号、パスワードなど記憶しなくてもかまわないけれど、覚えておくと便利なものはありませんか？

　覚えたいものをご準備ください。

　では、始めましょう。

クレジットカードの番号

　クレジットカードの場合は 4 桁の数字が 4 つ並びますので、2 つずつ区切ってストーリーを作れば簡単に覚えられます。

　3985-8759-9837-1240

　39 85 87 59 98 37 12 40 と二桁ずつに分けます。

　それぞれの数字を自分の決めたイメージに置き換えてみましょう。

　皿／屋根／葉巻／奈良の大仏／ラー油／鮫／赤ちゃん／タンポポ

　これをストーリー的につないでいきます。

　大きなお皿が屋根に突き刺さっている

　葉巻を加えた奈良の大仏

　ラー油でべとべとになった鮫

　赤ちゃんがタンポポをかじる。

　大きなお皿が屋根に突き刺さっているのでビックリして見てみ

たら、そこには葉巻を加えた奈良の大仏が食事をしていて、食べているのはラー油でべとべとになった鮫。その横では赤ちゃんがタンポポをかじっている。

　あり得ない情景をイメージするのも、ここまで練習してきた読者の皆様なら容易にできるようになっていることと思います。
　記憶法は最初の仕込みが面倒なのでなかなかやり方を知っただけではできるようにならないのですが、少し練習して使えるようになると一生ものですので、ぜひがんばってこの山を越えてみてください。

仕事で使う数字など

　例えば、2020年6月1日の日本の人口概算は1億2393万人（総務省統計局調べ）ですが、この数字を覚えるときは、
　1億2593→1と25と93に分ける　「煙突」「双子」「草」
→煙突の上で双子が草むしり

 パスワード

　%~9)$713　など意味不明な文字列も見えるイメージに変えて覚えましょう。

自分の覚えたいもの	覚え方

自分の覚えたいもの	覚え方

【参考文献】

●世界のエリートがやっている最高の休息法
　—「脳科学×瞑想」で集中力が高まる
　久賀谷亮（ダイヤモンド社／ 2016 年）

●日本を楽しむ年中行事
　株式会社 三越（株式会社 かんき出版／ 2004 年）

●野鳥観察図鑑
　杉坂 学 監修（成美堂出版／ 1999 年）

●にっぽんとスズメと野鳥仲間
　中野さとる（株式会社 カンゼン／ 2019 年）

●見わけがすぐつく野鳥図鑑
　小宮輝之 監修（成美堂出版／ 2020 年）

●脳には妙なクセがある
　池谷裕二（扶桑社／ 2012 年）

●雛まつり
　福田東久（株式会社 近代映画社／ 2007 年）

●飾る知識と楽しみ方　雛人形と武者人形
　林 駒夫 監修（株式会社 淡交社／ 2010 年）

●全脳記憶英単語 快単 vol.1 vol.2
　落合浩一（筑波書林 株式会社／ 2020 年）

田辺由香里（たなべ・ゆかり）
能力開発コンサルタント。アクティブ・ブレイン協会 マスター＆アドバンス認定講師。記憶マイスター。
1968年大阪生まれ。東京在住。大学卒業後、住友海上火災（株）大阪本社経理部資金課勤務。結婚後シンガポール駐在員の妻となり、子育てを機に能力開発に目覚める。長年の実体験と研究を経て、アクティブ・ブレイン協会で人気絶大の講師に。とくに「記憶法」「学習法」「夢実現法」「読書法」「英単語記憶法」さらには脳を使う「ダイエット法」などのプレミアム講師に認定される。2007年よりフリーとして独立。延べ20,000人以上に指導。脳トレによる独自の能力開発で、子どもの偏差値を 半年で22アップさせるなど数々の特筆すべき実績をもつ。著書に『瞬間記憶術』（ぱる出版）がある。

驚くほど頭が良くなる
「瞬間記憶」練習帳

2020 年 11 月 10 日　　　初版発行

著　者　　田　辺　由香里
発行者　　和　田　智　明
発行所　　株式会社　ぱ る 出 版

〒 160-0011　　東京都新宿区若葉 1-9-16
03(3353)2835 — 代表　03(3353)2826 — FAX
03(3353)3679 — 編集
振替　東京 00100-3-131586
印刷・製本　中央精版印刷(株)

ISBN978-4-8272-1256-3 C0030